Inhalt

Branchenreport MEDIZIN & PHARMA Ausgabe 1/2011

Branchenreport MEDIZIN & PHARMA Ausgabe 1/2011

Anja Schneider

Kernthesen

- Der Umsatz des Pharma-Gesamtmarktes erhöht sich für das Gesamtjahr 2010 um 3,3 Prozent bei stagnierendem Absatz. Das Wachstum lag je nach Segment bei drei bis fünf Prozent.
- Der Weltmarktanteil Deutschlands hat sich in den letzten zehn Jahren von fünf auf 3,5 Prozent verringert.
- Der Umsatz mit Fertigarzneimitteln im GKV-Arzneimittelmarkt betrug in 2010 Jahr 31,9 Milliarden Euro.
- Die deutsche Biotech-Branche konnte 2010 Umsatz, Beschäftigung und Finanzierung

steigern. Allerdings schaffte es kein deutsches Produkt zur Marktzulassung.

- Mit rund 23 Milliarden Euro ist Deutschland mit Abstand der größte Markt für Medizintechnik in Europa.

Beitrag

Die deutsche Pharmabranche - Stark in der Zweiten Liga

Die deutsche Pharmaindustrie ist mittelständisch geprägt. Es gibt 877 pharmazeutische Unternehmen (BPI Angabe, ohne Biotechnologie). Die Industrie beschäftigt insgesamt über 108 000 Mitarbeiter. Die Pharmaunternehmen stellten Produkte im Wert von rund 38 Milliarden Euro her. Davon wurden Waren im Wert von 20,5 Milliarden Euro exportiert, das entspricht 54 Prozent (Angaben BPI für 2009). (1)

Der Umsatz des Pharma-Gesamtmarktes (Kliniken und Offizinapotheken) erhöhte sich für das Gesamtjahr 2010 um 3,3 Prozent bei stagnierendem Absatz. (20)

Der Umsatz mit Fertigarzneimitteln im GKV-Arzneimittelmarkt betrug in 2010 Jahr 31,9 Milliarden Euro. Der Verband forschender Arzneimittelhersteller

VFA beziffert das Wachstum des Marktes auf drei bis fünf Prozent. Nach eine Umfrage der Lobbyorganisation der Arzneimittelhersteller erwarten für 2011 nur rund ein Drittel der im Verband organisierten Unternehmen für 2011 steigende Umsätze im Inland, 19 Prozent rechnen mit gleichbleibenden Erlösen und fast die Hälfte erwartet sinkende Umsätze. Der Branchendienst IMS Health prognostiziert für den deutschen wie auch den internationalen Pharmamarkt in den nächsten Jahren generell Wachstumsraten auf einem Niveau von um die fünf Prozent. (3), (2), (19)

Um ihre Produktpipelines stetig nachzufüllen, suchen die Pharmaunternehmen laufend neue Wirkstoffe. Über fünf Milliarden Euro investieren die Pharmahersteller (VFA-Angabe für 2009) in Forschung und Entwicklung. Dabei geht der Trend weg von den sogenannten Blockbustern, also Wirkstoffen mit denen sich sehr große Märkte erschließen lassen, hin zu immer spezielleren Medikamenten. Die Pharmaunternehmen stellen circa zehn Prozent der gesamten FuE-Aufwendungen der deutschen Wirtschaft und liegen in absoluten Zahlen auf dem dritten Platz hinter der Automobil- und Elektronikindustrie. [Abb. 1]

Das Gesetz zur Neuordnung des Arzneimittelmarktes (AMNOG) ist zu Beginn des Jahres in Kraft getreten. Unter anderem dürfen die Hersteller den Preis neuer, patentgeschützter Medikamente in Deutschland nicht ohne weiteres mehr selbst bestimmen. Sie müssen nachweisen, welchen zusätzlichen Nutzen der Wirkstoff den Patienten gegenüber bereits vorhandenen Präparaten bringt. Anschließend handeln Hersteller und Krankenkassen den Preis für das Medikament aus. Für Arzneimittel ohne Zusatznutzen wird ein Festbetrag bestimmt. Die Zwangsrabatte, die Pharmafirmen den Krankenkassen für neue Medikamente einräumen müssen, wurden auf 16 Prozent für dreieinhalb Jahre angehoben. Pharmahersteller beklagen einen dadurch erschwerten Marktzugang und zusätzliche Kosten. (1)

Anbieter

Die internationale Pharmabranche gilt als fragmentiert. "Big Pharma", das heißt die führenden zehn Unternehmen, vereinen weltweit nur einen Marktanteil von etwa 35 Prozent (1990: 28 Prozent). Die Top 5-Pharmahersteller der Welt sind **Pfizer** (USA), **Novartis** (Schweiz), **Sanofi/Aventis** (Frankreich), **Merck & Co.** (USA) und **GlaxoSmithKline** (Großbritannien). [Abb. 2]

Deutschland ist weltweit der fünftgrößte Hersteller von Arzneimitteln hinter den USA, Japan, Frankreich und Großbritannien. Die deutschen Pharmaunternehmen spielen international in der Zweiten Liga. Auf der Weltrangliste der Pharmakonzerne belegen sie erst Plätze hinter den

Top 10.

Branchenführer in Deutschland ist Bayer. **Bayer HealthCare** beschäftigt 55 700 Mitarbeiter und hat 2010 einen Umsatz von 16,9 Milliarden Euro erzielt. Auf dem zweiten Platz liegt **Boehringer Ingelheim** mit 12,6 Milliarden Euro Umsatz in 2010 und 42 224 Mitarbeitern. Auf dem dritten Platz liegt **Merck KGaA**, dessen Unternehmensbereich Pharma im vergangenen Jahr 6,2 Milliarden Euro erzielte; Merck beschäftigt 40 562 Mitarbeiter (Pharma und Chemie!). Zu nennen ist außerdem der Gesundheitskonzern **Fresenius**, der mit Produkten und Dienstleistungen für die Dialyse, das Krankenhaus und die ambulante medizinische Versorgung von Patienten im vergangenen Jahr einen Gesamtumsatz von knapp 16 Milliarden Euro erzielte (plus 13 Prozent gegenüber Vorjahr) und weltweit 137 552 Mitarbeiter beschäftigt.

Wichtige Segmente der Medizin- und Pharmabranche im Einzelnen

Auf vielen großen Pharmaherstellern lastet Umsatzdruck, weil bei ihren wichtigsten Originalarzneimitteln der Schutz am geistigen Eigentum abläuft. Bis zum Ende des Jahrzehnts werden einige der weltweit meistverkauften Arzneimittel, beispielsweise Lipitor von Pfizer, Advair von Glaxo-Smith-Kline, Plavix von Sanofi und Bristol-Myers Squibb und Diovan von Novartis, ihren Patentschutz verlieren. Nach Ablauf der Patentschutzfrist für neue Medikamentenwirkstoffe, die in der Regel etwa 15 Jahre ab Zulassung beträgt, können sowohl Originalarzneimittel als auch Nachahmerprodukte anderer Hersteller (Generika) zugelassen werden. Oft verlieren die Originalprodukte dann innerhalb weniger Monate fast ihren gesamten Marktanteil an die Generika. Laut IMS Health sind dadurch in diesem Jahr bereits Umsätze von rund 36 Milliarden US-Dollar bedroht, bis 2015 werden die gefährdeten Umsätze rund 141 Milliarden US-Dollar erreichen. (4), (19)

Die Pharmaunternehmen wählen unterschiedliche Strategien, um die infolge der auslaufenden Patente wegbrechenden Umsätze bei bisherigen Blockbuster-Medikamenten auszugleichen. Sie expandieren in die Schwellen- und Entwicklungsländer, kaufen Generikafirmen oder Biotechs oder gehen entsprechende Partnerschaften ein. Die Grenzen zwischen den forschenden Pharmaherstellern, den Generikaanbietern und Biotechnologieunternehmen verschwimmen immer mehr.

Deutschland ist mit einem Umsatzvolumen von rund fünf Milliarden Euro der zweitgrößte Generikamarkt der Welt hinter den Vereinigten Staaten. Etwa zwei

Drittel der hier verschriebenen Medikamente sind Billigpräparate. Der Markt hat sich langsamer entwickelt als ursprünglich erhofft. In Deutschland führten die Rabattausschreibungen der Krankenkassen zu Einbußen, auch in den Niederlanden und in Großbritannien setzten die Krankenkassen deutliche Preissenkungen durch. Doch trotz alledem gelten die Generika als ein Segment des Pharmamarktes, in dem laut Fachleuten ein überdurchschnittliches Wachstum lockt. Nach Prognosen des Marktforschungsinstituts IMS Health wird der globale Umsatz mit Generika von rund 80 Milliarden Dollar im Jahr 2008 auf 135 bis 150 Milliarden Dollar im Jahr 2015 steigen. Mit jährlichen Wachstumsraten von sieben bis neun Prozent dürfte sich der weltweite Generikamarkt besser entwickeln als die patentgeschützten Arzneimittel. Diesem Markt sagt IMS in den nächsten Jahren Wachstumsraten zwischen vier und sieben Prozent voraus. (4)

Globaler Marktführer im Generikageschäft ist die israelische Teva mit über 16 Milliarden US-Dollar Umsatz in 2010. Im internationalen Ranking folgen die Schweizer Novartis und die amerikanischen Wettbewerber Mylan, Watson und Hospira. (5)

Die deutsche Ratiopharm wurde 2010 von Teva übernommen, um so das Geschäft im deutschen Markt auszuweiten. Derzeit arbeitet Teva daran, den US-Wettbewerber Cephalon zu übernehmen und damit das Geschäft mit patentgeschützten Originalpräparaten auszubauen. (6)

Mit Ratiopharm wurde eine weitere Größe im deutschen Generikageschäft an einen ausländischen Bieter verkauft. Den Anfang machte schon vor Jahren die Schweizer Novartis, die sich Hexal einverleibte. Danach ging Betapharm an den indischen Hersteller Dr. Reddys. Der US-Anbieter Mylan kaufte dem Darmstädter Merck-Konzern das Generikageschäft ab. Übrig ist derzeit noch Stada, der einzige börsennotierte Generikahersteller in Westeuropa. Das in Bad Vilbel bei Frankfurt ansässige Unternehmen steigerte seinen Umsatz im vergangenen Jahr um vier Prozent auf 1,63 Milliarden Euro.

Biotechnologie - Finanzierungslage verbessert, Medikamentenausbeute weiter gering

Die deutsche Biotechnologie-Branche profitiert von der konjunkturellen Erholung. Sowohl der Anfang April veröffentlichte Deutsche Biotechnologie-Report 2011 der Wirtschaftsprüfungsgesellschaft Ernst & Young (E&Y) als auch die aktuelle Firmenumfrage der Informationsplattform Biotechnologie.de, die im Auftrag des Bundesministeriums für Bildung und Forschung (BMBF) erstellt wurde, zeichnen ein positives Bild:

Der Gesamtumsatz der Branche stieg 2010 um neun Prozent auf 2,4 Milliarden Euro (Angaben E&Y: plus sieben Prozent auf 1,06 Milliarden Euro). Damit wächst die Branche nach zwei Krisenjahren wieder. Die Verluste der jungen Unternehmen sind jedoch nach wie vor hoch. Sie sind auf externes Kapital angewiesen und finanzieren sich aus Risikokapital, Kapitalmarkt und öffentlichen Fördermitteln. Die schwierige Finanzierungslage der Branche verbesserte sich 2010. Mit 700 Millionen Euro flossen laut BMBF Gelder in Rekordhöhe (plus 122 Prozent). Doch konzentrierten sie sich auf wenige Unternehmen und Geldgeber. Nach wie vor engagieren sich überwiegend private Investoren wie der SAP-Mitgründer Dietmar Hopp und die Strüngmann-Brüder (ehemals Hexal-Besitzer).

In der deutschen Biotechnologie-Branche arbeiten nach Angaben des Bundesministeriums rund 540 Biotechunternehmen. In der kommerziellen Biotechnologie arbeiten rund 32 500 Mitarbeiter (Angabe BMBF). Die Struktur der Branche ist mittelständisch. Es sind meist kleinere oder mittlere Unternehmen, die sich ganz oder überwiegend mit Verfahren der Biotechnologie beschäftigen. Es haben sich mittlerweile fünf große Biotech-Cluster gebildet: Berlin-Brandenburg, München, Heidelberg, Rheinland und Rhein-Main-Region.

Als erfolgreichste Unternehmen in der deutschen Biotech-Szene gelten die börsennotierten Anbieter **Qiagen** und **Morphosys**. Beide entwickeln allerdings keine Präparate als Basis für neue Medikamente, sondern sind als Technologielieferant bzw. Zulieferer von Forschungsleistungen tätig. Gelistet als Top-5-Biotechunternehmen weltweit werden die vier amerikanischen Biotechs **Amgen**, **Gilead**, **Genzyme** und **Biogen Idec** sowie die britische **Shire**. Ein deutsches Biotechunternehmen ist nicht unter den Top Ten. (7)

Der größte Teil der Biotechnologieunternehmen setzt den Forschungsschwerpunkt darauf, neue Medikamente zu finden (rote Biotechnologie). Deutlich weniger arbeiten an biotechnologischen Verfahren für die Industrie/Chemie (weiße Biotechnologie) oder für die Landwirtschaft (grüne Biotechnologie). In der Forschung und Entwicklung hat die Zusammenarbeit zwischen Big Pharma und Biotech weiter zugenommen. Vor allem gab es mehr Auslizenzierungen von Technologien sowie Dienstleistungsverträge. In Kooperationsverträgen werden Entwicklungsziele vereinbart, bei Erreichung fließen umfangreiche Meilensteinzahlungen. Die Ausgaben für Forschung und Entwicklung lagen 2010 bei rund einer Milliarde Euro. Produkterfolge aus den Labors der deutschen Biotech-Unternehmen und entsprechende Umsätze lassen auf sich warten. Nur acht Medikamente hat die deutsche Biotechnologiebranche seit ihrem Bestehen auf den Markt gebracht; 2010 kein einziges. (8), (9)

Apothekenmarkt - Deutsche Anzag von britischer Alliance Boots übernommen

Der deutsche Apothekenmarkt, größter Markt in Europa, konnte auch 2010 wachsen. Er verbuchte einen Gesamtumsatz in Höhe von knapp 25,6 Milliarden Euro und legte damit um 3,7 Prozent zu. Der Umsatz mit rezeptpflichtigen Arzneimitteln kletterte um knapp fünf Prozent und liegt nun bei 21,2 Milliarden Euro. Die rezeptfreien, aber apothekenpflichtigen Arzneimittel schrumpften um über drei Prozent auf 2,8 Milliarden Euro. (10)

Deutschlands Bürger sind gut mit Arzneimitteln versorgt. Rund 21 500 stationäre Apotheken und rund 30 Versandapotheken gibt es hierzulande. Sie schaffen rund 144 000 Arbeitsplätze (ABDA). Noch ist die Branche stark reglementiert. Auf Grund des Fremd- und Mehrbesitzverbots dürfen nur Apotheker Medikamente an den Endverbraucher abgeben, Kapitalgesellschaften ist das untersagt. Ketten sind verboten: Jeder Apotheker darf in der Bundesrepublik maximal vier Filialen betreiben. Die Preisgestaltung unterliegt starren Beschränkungen. Die gesetzlichen Krankenkassen legen für so genannte erstattungsfähige Arzneimittel einen Erstattungshöchstbetrag fest. Die Aufschläge, die Großhändler und Apotheken verlangen dürfen, sind geregelt.

Zwei Trends lassen sich beobachten: Zum einen

gewinnt der Versandhandel bei den freiverkäuflichen Arzneimitteln (OTC) kontinuierlich Marktanteile. Zum anderen drängen Drogerien mit Bestell- und Abholservice - den sogenannten Pick-up-Stellen - in das angestammte Geschäft der Apotheke.

Europas größter Pharmagroßhändler ist **Celesio** (gehört zu Haniel). Wettbewerber im deutschen Markt sind **Phoenix** (gehört zu Merckle), **Anzag** und **Sanacorp** (eine Apothekeneinkaufsgenossenschaft). Anzag wurde im Herbst 2010 vom britischen Pharmagroßhändler und Apothekenbesitzer Alliance Boots übernommen. Der Frankfurter Pharmagroßhändler erzielte zuletzt mit 3 600 Beschäftigten einen Umsatz von 4,2 Milliarden Euro. (11)

Mit der Neuordnung des Arzneimittelmarkts (AMNOG) erwarten der pharmazeutische Großhandel und die Apotheken nun weitere Umsatz- und Ertragsrückgänge. Das Gesetz hob den Zwangsabschlag der Apotheken an die Krankenkassen von 1,75 Euro auf 2,05 Euro je Packung an - und zwar für die Jahre 2011 und 2012. Dies wird die Geschäfte der Pharmagroßhändler und der Apotheken belasten.

Klinikmarkt - Private Ketten profitabel, öffentliche in den roten Zahlen

Der deutsche Klinikmarkt ist mit einem

Umsatzvolumen von rund 65 Milliarden Euro und 1,1 Millionen Beschäftigten einer der größten deutschen Dienstleistungssektoren. Die Zahl der Krankenhäuser ist rückläufig; 1990 waren es noch 2 447, mittlerweile gibt es noch rund 2 100 Krankenhäuser. Mit über 60 Milliarden Euro im Jahr bilden die Krankenhäuser den größten Block bei den Ausgaben der Gesetzlichen Krankenkassen. Viele öffentliche Kliniken kämpfen mit wachsenden Finanzierungsproblemen. Die großen privaten Ketten hingegen sind profitabel. Die Branche rechnet damit, dass in diesem Jahr etliche öffentliche Krankenhäuser privatisiert werden. Der Anteil der privaten Anbieter hat laut Statistischem Bundesamt auf mittlerweile gut 30 Prozent zugenommen.

In Deutschland gibt es vier große private Klinikketten: Die **Asklepios-Kliniken** erwirtschaften mit 33 500 Mitarbeitern etwa 2,3 Milliarden Euro Jahresumsatz, die **Rhön-Klinikum AG** liegt bei rund 2,55 Milliarden Euro und 37 000 Mitarbeiter, die zum Fresenius-Konzern gehörende **Helios-Klinikgruppe** erreichte im vergangenen Jahr rund 2,5 Milliarden Euro Umsatz mit 33 000 Mitarbeitern, die **Sana Kliniken** mit 22 400 Mitarbeiter rund 1,5 Milliarden Euro. Daneben gibt es noch eine ganze Reihe weiterer aufstrebender privater Klinikketten wie Mediclin, SRH Kliniken, Paracelsus, Schön Kliniken und Damp. (12)

Medizintechnik - International im Spitzenfeld

Mit rund 23 Milliarden Euro ist Deutschland mit Abstand der größte Markt für Medizintechnik in Europa (gesamt rund 70 Milliarden Euro) und sogar der drittgrößte Einzelmarkt weltweit hinter den USA mit 90 Milliarden Euro und Japan (25 Milliarden Euro). Dabei ist die deutsche Medizintechnikindustrie mit Exportquoten zwischen 60 und 65 Prozent sehr exportintensiv. Dass die Branche auch sehr innovationsfreudig ist, zeigt die Tatsache, dass etwa ein Drittel des Umsatzes mit Produkten erzielt wird, die nicht älter als drei Jahre sind. Im Schnitt geht fast ein Zehntel des Branchenumsatzes in Forschung und Entwicklung.

Die Medizintechnikbranche in Deutschland ist abgesehen von einigen wenigen großen Unternehmen stark mittelständisch geprägt. In rund 12 000 Unternehmen arbeiten mehr als 170 000 Beschäftigte, wobei 95 Prozent der Betriebe weniger als 250 Mitarbeiter beschäftigen. Und die Beschäftigtenzahlen werden noch weiter steigen, denn 96 Prozent der Unternehmen haben derzeit offene Stellen ausgeschrieben. Der Branchenumsatz stieg in 2010 um 9,4 Prozent auf rund 20 Milliarden Euro. Und die wirtschaftliche Entwicklung der Branche bleibt positiv. Branchenexperten gehen für 2011 von einem Wachstum von rund acht Prozent aus und nach eine Umfrage erwarten rund 48 Prozent der Unternehmen in der Branche für 2011 ein besseres Gewinnergebnis als für 2010.

Die Top 5 Unternehmen in der Medizintechnikbranche in Deutschland sind **Siemens (Health Care)** mit rund 12,4 Milliarden Euro Umsatz, **Fresenius Medical Care** mit 8,6 Milliarden Umsatz, **B.Braun** mit einem Umsatz von 4,4 Milliarden Euro, **Roche Diagnostics** mit 3,1 Milliarden und **Paul Hartmann** mit 1,6 Milliarden Umsatz. (21), (22)

Internationale Entwicklung der Pharmabranche - Starkes Wachstum in BRIC-Staaten

Der Weltmarkt für Arzneimittel hat sich von 2000 bis 2009 verdoppelt und hat 2010 bereits ein Volumen von an die 840 Milliarden US-Dollar erreicht. Und nach Einschätzung von IMS Health soll der Umsatz der globalen Pharmaindustrie auch dieses Jahr um bis zu sieben Prozent auf rund 880 Milliarden Dollar steigen. In den nächsten drei Jahren wird er laut IMS Health sogar noch auf 1,1 Billionen US-Dollar anwachsen. Ein "gesundes Umfeld" für die Pharmabranche ist die Tatsache, dass die Menschen immer älter werden und immer ungesünder leben. (13), (19)

Der weltweit größte Pharmamarkt sind die USA und Kanada. Die nordamerikanische Pharmaindustrie erreicht insgesamt eine Größenordnung von 324 Milliarden US-Dollar (Stand 2009) und wächst momentan mit bescheidenen 1,7 Prozent. Der Weltmarktanteil der USA liegt bei 37 Prozent. [Abb. 3]

Der Pharmamarkt in Europa liegt bei knapp 264 Milliarden US-Dollar (Stand 2009) und hat am Weltmarkt einen Anteil von rund 31 Prozent. Der Weltmarktanteil Deutschlands hat sich in den letzten zehn Jahren von fünf auf 3,5 Prozent verringert. Den fünf stärksten EU-Ländern (Deutschland, Frankreich, Italien, Spanien und Großbritannien) stellt IMS Health mittelfristig ein Wachstum von 3 bis 4 Prozent in Aussicht.

Die wachstumsstärksten Regionen sind Brasilien, Russland, Indien, China, die Türkei, Mexiko und weitere Länder in Südostasien und dem Mittleren Osten. Einer der zukunftsträchtigsten Pharmamärkte ist China. Dort wächst die Pharmaindustrie mit derzeit 18 Prozent. Indien hat sich eine außerordentliche Stellung im Generikamarkt erarbeitet. Sein Weltmarktanteil ist dort mit einem Fünftel deutlich höher als in der Pharmaindustrie gesamt (rund zwei Prozent). Indien wird daher auch als Apotheke der Armen bezeichnet. (14), (15), (16)

Trends

Zukunftsfelder im Arzneimittelbereich

Der Verband Forschender Arzneimittelhersteller definiert bis 2020 fünf Zukunftsfelder im Arzneimittelbereich:

Erstens: Fortschritte bei globalen Krankheiten wie Gebärmutterhalskrebs (Impfschutz), einige Krebsarten, Diabetes, Schlaganfällen.

Zweitens: Verbesserte Therapie von HIV/AIDS und Krankheiten in Entwicklungsländern wie Malaria, Tuberkulose, Durchfallerkrankungen und Lungenentzündung. Voraussetzung ist, dass es bis dahin gelingt, der betroffenen Bevölkerung einen Zugang zu diesen Arzneimitteln zu schaffen, den sie sich auch leisten kann.

Drittens: Medikamente gegen seltene Krankheiten, für die es bisher keine oder keine ausreichende Therapie gibt.

Viertens: Medikamente gegen Erkrankungen speziell bei Kindern und Jugendlichen

Fünftens: Individualisierte Therapie als Standard: Die Zahl erfolgloser Therapieversuche oder Behandlungen mit schweren Nebenwirkungen dürfte sich bis 2020 stark reduziert haben, denn die individuelle genetische Konstitution und ein umfassender Satz von Krankheitsmarkern, die sich aus dem Blutserum ermitteln lassen, werden für jeden Patienten bekannt sein und bei der Wahl der Präparate und ihrer Dosierung vom Arzt berücksichtigt werden. (17)

Die entsprechenden Arzneimittel werden 2020 voraussichtlich die größten Umsatzbringer im Pharmamarkt sein.

Biosimilars

Klassische Nachahmermedikamente, so genannte Generika, etablieren sich bei chemisch hergestellten Arzneimitteln in zunehmendem Maße und gehen Hand in Hand mit den ablaufenden Patenten der Originalpräparate. Inzwischen formiert sich ein entsprechender Trend für die biotechnologisch hergestellten Medikamente. Deren Nachahmer werden Biosimilars oder Follow-on Biologics genannt. Sowohl die Hersteller von Generika als auch die großen forschenden Arzneimittelhersteller und sogar die großen amerikanischen Biotech-Konzerne selbst investieren und stellen die strategischen Weichen für dieses kommende Geschäft. Der Markt für Biosimilars umfasste im vergangenen Jahr rund 400 Millionen US-Dollar Umsatz. Prognosen zufolge soll er in vier Jahren schon auf zwei bis drei Milliarden Dollar anwachsen. Andere Prognosen gehen sogar von 15 Milliarden Dollar Marktvolumen in 2015 aus. (17)

Zahlen & Fakten

Abbildung 1:

Branchenindikatoren Pharma und Medizin

Branchenindikatoren Pharma & Medizin	
Pharmaumsatz weltweit	840 Milliarden US-Dollar (IMS Health-Angabe für 2010)
Pharmaumsatz Deutschland	31,9 Milliarden Euro (VFA-Angabe für 2010)
Biotech-Umsatz Deutschland	2,4 Milliarden Euro (BMBF-Angabe für 2010)
Anzahl Unternehmen	877
Anzahl Biotech-Unternehmen	540 (BMBF-Angabe für 2010)
Beschäftigte	über 120 000
Exportquote	54 Prozent
FuE	über 5 Milliarden Euro (VFA)
Top Anbieter Pharma weltweit	Pfizer, Novartis, Sanofi, Merck & Co., GlaxoSmithKline
Top Anbieter Pharma Deutschland	Bayer, Boehringer Ingelheim, Merck KGaA, Fresenius
Top Anbieter Generika weltweit	Teva (inkl. Ratiopharm), Novartis (inkl. Sandoz/Hexal), Mylan, Watson, Hospira
Top Anbieter Generika	Sandoz/Hexal (gehört zu Novartis),

Deutschland	Ratiopharm (zu Teva), Stada (unabhängig), Betapharm (zu Dr. Reddys)
Top Anbieter Biotech weltweit	Amgen, Gilead, Genzyme, Biogen Idec , Shire
Top Anbieter Biotech Deutschland	Quiagen, Morphosys
Anzahl Apotheken	rund 21 500 stationäre und rund 30 Versandapotheken
Umsatz Apotheken	25,6 Milliarden Euro
Top Pharma Großhändler	Celesio, Phoenix, Anzag (übernommen von der britschen Alliance Boots), Sanacorp
Anzahl Krankenhäuser	circa 2 100
Umsatz Krankenhäuser	circa 65 Milliarden Euro
Top private Klinikbetreiber	Asklepios, Rhön, Helios, Sana

Quelle: VFA, IMS, Unternehmensangaben

GBI-Genios eigene Zusammenstellung

Abbildung 2: Größte Pharmaunternehmen international nach Umsatz 2010

		Pharmaumsatz* 2010	Organisches Wachstum
Unternehmen	Land	in US-Dollar	in Prozent

Pfizer	USA	58,5	-3,0
Novartis	Schweiz	42,0	9,0
Sanofi***	Frankreich	40,4	-1,0
Merck & Co	USA	39,8	-1,0
Glaxo-Smithkline	Großbritannien	36,2	-2,0
Roche	Schweiz	35,6	-2,0
Astra-Zeneca	Großbritannien	33,3	0,0
Johnson & Johnson	USA	22,4	-1,0
Eli Lilly	USA	21,7	5,0
Abbott	USA	19,9	2,0

*

Arzneimittelumsätze inkl. Impfstoffe, ohne sonstige Umsätze.

** Veränderung auf Basis konstanter Wechselkurse, bereinigt um Akquisitionseffekte.

*** Werte für Sanofi auf Basis der Konsensuschätzungen laut Bloomberg.

Quelle: Quartalsberichte, Handelsblatt-Berechnungen

Entnommen aus: Handelsblatt, 08.02.2011, S. 20 (18)

Abbildung 3:

Globaler Pharmamarkt nach Regionen

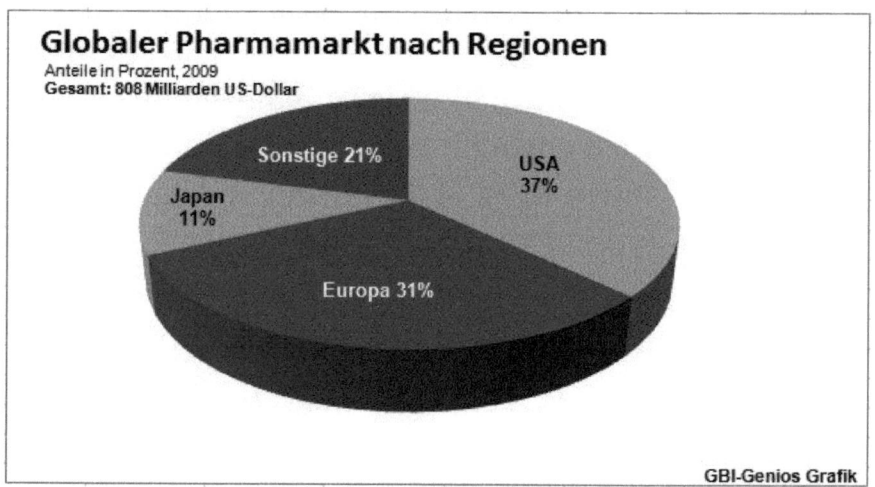

Quelle: IMS Health, vfa

Entnommen aus: vfa, Der Arzneimittelmarkt (16)

Weiterführende Literatur

(1) Deutschland zum Spitzenproduktionsstandort für Hightech-Medikamente machen
aus Erdöl Erdgas Kohle, Heft 03/2011, S. 109

(2) Entwicklung des GKV-Arzneimittelmarktes 2010

aus Erdöl Erdgas Kohle, Heft 03/2011, S. 109

(3) Von Martina Janning, Berlin / Die Wachstumsraten der Pharmaindustrie sinken und werden sich auf dem Niveau der 1990er-Jahre einpendeln, schätzen Branchenexperten. Die gerade verabschiedeten Reformen im Arzneimittelmarkt setzen den Firmen zusätzlich zu.
aus PZ Pharmazeutische Zeitung vom 18.11.2010 Seite 38

(4) Teva läutet neue Übernahmen-Runde ein
aus Handelsblatt Nr. 055 vom 19.03.2010 Seite 24

(5) International: Top 5 Unternehmen im Generikamarkt 2010
aus Handelsblatt, 23.02.2011, S. 28

(6) Generikariese Teva stärkt sein Markengeschäft
aus Ärzte Zeitung Nr. 82 vom 05.05.2011, Seite 13

(7) International: Top 9 Biotechunternehmen 2009
aus Handelsblatt, 15.03.2010, S. 32

(8) Biotechbranche bekommt wieder mehr Geld. Umsatzwachstum und Erfolge in der Forschung locken Privatinvestoren. Aber nicht alle Firmen profitieren davon.
aus Handelsblatt, 15.03.2010, S. 32

(9) Biotech-Branche wieder auf Wachstumskurs
aus CHEManager 7-8/2011

(10) INSIGHT Health zum deutschen Apothekenmarkt im Jahr 2010: Fünf Prozent mehr Umsatz mit verschreibungspflichtigen Arzneimitteln
aus news aktuell, 2011-01-26

(11) Britischer Konzern drängt in deutschen Apothekenmarkt
aus WirtschaftsWoche online vom 20101019, 08:25:23

(12) Verkäufe von Kliniken nehmen zu. PRIVATISIERUNG Häuser aller Größenordnungen sind im Angebot
aus WirtschaftsWoche online vom 20101019, 08:25:23

(13) Pharmabranche im Umbruch
aus Die Presse vom 2011-04-27, Seite: F3

(14) Umsatz der Pharmaindustrie
aus Die Presse vom 2011-04-27, Seite: F3

(15) IMS Health Lowers 2009 Global Pharmaceutical Market Forecast to 2.5 - 3.5 Percent Growth
aus Die Presse vom 2011-04-27, Seite: F3

(16) Der Arzneimittelmarkt
aus Die Presse vom 2011-04-27, Seite: F3

(17) Heilung aus dem Bioreaktor
aus Handelsblatt Nr. 028 vom 09.02.2011 Seite 28

(18) International: Größte Pharmaunternehmen nach Umsatz 2010
aus Handelsblatt, 08.02.2011, S. 20

(19) Neue Medikamente anschiebenFür die Pharmaindustrie sind hohe Entwicklungskosten und Gesundheitsreformen bittere Pillen - die Branche steht dennoch gesund da
aus Handelsblatt, 08.02.2011, S. 20

(20) Entwicklung des Pharmamarktes im Dezember und im Jahr 2010
aus Handelsblatt, 08.02.2011, S. 20

(21) Medizintechnik - VITALE BRANCHE WEITER IM AUFWIND
aus werkzeug und formenbau, Heft 2/2011, S. 6-9

(22) Streicheleinheiten aus Berlin
aus Frankfurter Allgemeine Zeitung, 21.04.2011, Nr. 94, S. 19

Impressum

Branchenreport MEDIZIN & PHARMA Ausgabe 1/2011

Bibliografische Information der deutschen Nationalbibliothek

Die Deutsche Nationalbibliothek verzeichnet diese Publikation in der deutschen Nationalbibliografie; detaillierte bibliografische Daten sind im Internet über http://dnb.d-nb.de abrufbar.

ISBN: 978-3-7379-1913-5

© 2015 GBI-Genios Deutsche Wirtschaftsdatenbank GmbH, Freischützstraße 96, 81927 München, www.genios.de

oder ähnliche Einrichtungen und die Einspeicherung und Verarbeitung in elektronischen Systemen.